LA

DOUBLE INTRIGUE;

OU

L'AVENTURE EMBARRASSANTE,

COMÉDIE

EN DEUX ACTES ET EN PROSE.

Par M. DUMANIANT.

Représentée pour la première fois, à Paris, ſur le Théâtre du PALAIS-ROYAL, *le Samedi* 10 *Juillet* 1790.

Prix 1 liv. 4 ſols.

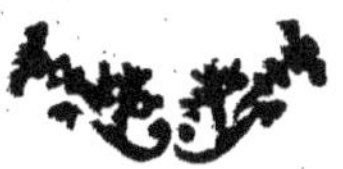

A PARIS,

Chez CAILLEAU & Fils, Imprimeur-Libraires, rue Gallande, N°. 64.

1790.

PERSONNAGES.	ACTEURS.
BERALDE,	*M. Dumaniant.*
LELIO, fils de Beralde, & Amant de Léonor,	*M. Valois.*
LEONOR,	*Mlle. Candeille.*
CLARA, nièce de Beralde,	*Mlle. Mullard.*
FABRICE, frère de Léonor, & Amant de Clara,	*M. Valliene.*
CARLIN, tenant un Hôtel garni,	*M. Michot.*
TARUGO, Valet de Carlin,	*M. Beaulieu.*
FABIO, Valet de Fabrice,	*M. Fusil.*
PEDRO, Valet de Beralde,	*M. Boucher.*

La Scène est à Naples.

Le premier Acte se passe dans la place publique, & le second dans la maison de Carlin.

Les Acteurs sont placés au Théâtre, comme ils le sont en tête de chaque Scène.

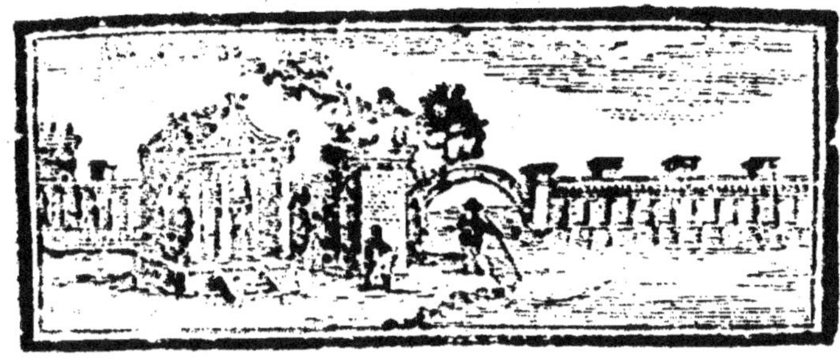

LA DOUBLE INTRIGUE, COMÉDIE.

ACTE PREMIER.

(La maison de Carlin est du côté de la Reine. Il fait nuit pendant les quatre premières Scènes. Le jour vient insensiblement, & le Théâtre est tout-à-fait éclairé à la fin de la huitième Scène.

SCENE PREMIERE.

LÉLIO, *enveloppé dans son manteau, entrant très-agité.*

INGRATE Léonor! voilà donc le prix de mon amour! Viens encore m'accuser d'être jaloux sans fondement. Il ne m'est plus possible de douter de ta perfidie. Je l'ai vu dans ton appartement, ce rival qui m'est encore inconnu, mais qui n'échappera point à ma juste vengeance. Eh! pourquoi ces ménagemens que j'ai pour l'infidelle, dans l'instant où elle me trompe? Pourquoi n'allai-je pas punir son amant dans ses bras? Pourquoi ai-je fui, au-lieu de faire un éclat & de la confondre? Est-ce que je l'aimerais encore? Est-ce que le soin de sa gloire m'intéresserait, lorsqu'elle m'arrache le cœur? Faible que je suis, je m'échappe à travers les ténèbres, au-lieu de me montrer aux regards de son père, qui les a surpris sans doute. Il semblerait, à la conduite que je viens de tenir, que je tremble pour eux. C'est pour elle que je m'expose au courroux de mon père; c'est pour elle que je refuse la main de Clara, dont la beauté sans doute est égale à la sienne, & dont le cœur ne peut être aussi faux que le sien. Allons, prenons une résolution digne de moi. Léonor ne mérite pas ma colère, je ne lui dois que mon mépris & mon indifférence. Sortons de Naples à la pointe du jour. Courons à Florence y chercher Clara: amenons-la dans la maison de mon père qui l'attend, de ce bon père pour qui mon silence doit être si cruel. Réparons mes torts envers lui: que ce soit sa main qui serre mes nœuds avec ma belle cousine: que Léonor soit témoin de notre bonheur, de mes attentions pour mon épouse, & qu'elle regrette enfin l'Amant qu'elle a perdu. — J'entends quelqu'un.

SCENE II.

PEDRO, BERALDE, *dans le fond*, LÉLIO, *sur le devant de la Scène.*

PEDRO.

Le jour n'eſt pas éloigné, Monſieur, il ſeroit tems de s'aller coucher, à moins que vous ne renonciez tout-à-fait à dormir juſqu'à la nuit prochaine.

LÉLIO, *à part.*

Je connais cette voix.

BERALDE.

Tu as parlé au Courier de Florence ?

LÉLIO, *à part.*

C'eſt mon père !

PEDRO, *à Béralde.*

Oui, Monſieur. Il a viſité toutes ſes lettres, il n'y en a pas une pour vous.

BERALDE.

Tu lui as demandé des nouvelles de mon fils ?

PEDRO.

Votre fils eſt certainement chez ſa couſine.

BERALDE.

Il eſt bien ſingulier que Lélio ne m'écrive pas.

PEDRO.

Monſieur, c'eſt bien excuſable. Quand on eſt auprès de ſa Maitreſſe, on peut quelquefois négliger ſon père, ſans l'en aimer moins pour cela.

BERALDE.

Mais une ligne, un mot, cela coûte si peu, cela rassure.

PEDRO.

Vous avez raison, mais nous ferons ces réflexions-là dans la maison tout aussi bien qu'ici.

BERALDE.

Pendant que tu m'as laissé, j'ai interrogé un Courier qui m'a dit qu'il avait devancé de quelques milles une voiture dans laquelle était un jeune homme & une jeune personne fort belle. A la manière dont il me les a dépeint l'un & l'autre, il se pourrait bien que ce fût Lélio & sa cousine.

PEDRO.

Oui, Monsieur, cela se pourrait. Tenez, votre fils aura voulu vous surprendre, & voilà pourquoi il ne vous a pas écrit.

BERALDE.

Tu peux avoir raison, mais je ne l'en gronderai pas moins à son retour.

PEDRO.

Vous le gronderez tout doucement. Je vous connais : vous faites le méchant en arrière, & quand il paraît, tout votre courroux s'évanouit,

BERALDE.

C'est un étourdi, mais il a un bon cœur.

PEDRO.

C'est vrai.

BERALDE.

J'étais comme lui dans ma jeunesse.

LÉLIO, *à part.*

Mon bon père !

PEDRO.

Vous l'aimez, ah! c'eſt bien naturel.

LÉLIO, *à part, & aſſez haut.*

Ah! ſi j'oſais,

PEDRO, *qui a entendu.*

Hem ... Monſieur, retirons-nous. Je vois rôder par-là un grand drôle. Cette place n'eſt pas ſûre.... On parle de voleurs.... il y en a tant cette année.

LÉLIO.

Eloignons-nous. (*Il va pour ſortir du côté de la Reine*).

BERALDE, *regardant du côté du Roi.*

Je ne vois perſonne.

SCENE III.

LÉONOR, LÉLIO, BERALDE, PEDRO.

LÉONOR, *entrant du côté de la Reine.*

OU vais-je, malheureuſe! (*rencontrant Lélio*) c'eſt vous ?

LÉLIO.

C'eſt elle!

BERALDE.

Qui eſt là ?

LÉLIO.

C'eſt mon père, gardez-vous de me nommer. (*Il va ſur le devant de la ſcène du côté du Roi.*)

LÉONOR, *que Lélio a repoussé.*

Ah ! grands Dieux.

PEDRO.

C'est une femme qui se plaint. Quelqu'un l'aurait-il insultée ?

BERALDE *s'avance vers Léonor qui allait à Lélio.*

Madame, par quelle étrange aventure vous trouvez-vous dans cette place, seule & à cette heure ?

LÉONOR.

Monsieur, vous voyez une femme bien à plaindre.

BERALDE.

Si mes secours pouvaient vous être utiles.

LÉONOR.

Ah! si le cruel qui m'entend n'était pas sans pitié.

LÉLIO, *à part.*

Que va-t-elle dire ?

BERALDE.

De qui parlez-vous ?

PEDRO.

Ce sera de cet autre qui nous a tant fait peur.

LÉONOR, *allant à Lélio qui se détourne.*

Monsieur, ne m'abandonnez pas dans l'extrêmité fatale où me réduit le sort le plus cruel & le moins mérité.

BERALDE.

Monsieur, je joins mes prières à celles de Madame. J'ignore quels sujets de plainte vous avez contre elle.

LÉONOR, *avec vivacité.*

Aucun, Monsieur, aucun.

LÉLIO, *à part.*

Et ne pouvoir répondre !

BERALDE.

Mais vous eût-elle offensé, le devoir d'un galant homme est d'oublier l'injure de pardonner à un sexe dont la foiblesse réclame l'indulgence.

PEDRO.

Il ne dit rien, c'est lui qui a tort.

LÉONOR.

Je ne l'accuse point, Monsieur, les apparences semblent me condamner. Mais qu'il daigne entendre ma justification.

BERALDE.

Vous ne pouvez vous refuser à des sollicitations aussi pressantes.

PEDRO.

Il ne dira rien tant que nous serons là. Tenez, Monsieur, laissons-les s'expliquer.

BERALDE.

Je me retire, Madame ; mais si vous n'obteniez rien de Monsieur, j'ose espérer que le hasard qui m'a procuré l'avantage de vous rencontrer est un titre pour que je puisse vous offrir tous les bons offices qui dépendront de moi.

PEDRO, *à part.*

Il est galant notre vieux maître.

BERALDE.

Je me nomme Beralde. Peut-être vous suis-je inconnu ?

LÉONOR.

Non, Monsieur, je suis sensible à la bienveillance que [illegible] témoignez, & puissiez-vous me conſerver les mêmes ſentimens quand vous me connaîtrez mieux.

PEDRO.

Allons nous-en, Monſieur, vous voyez bien que nous ſommes de trop ici.

BERALDE.

Tu as raiſon. Madame, je vous laiſſe. Je ne doute pas que vous ne parveniez facilement à vous juſtifier des torts qu'on vous impute. Avec une voix auſſi douce, on ne peut avoir un cœur faux ou méchant. Mais ſi Monſieur reſtait inflexible, n'oubliez pas, je vous en conjure, que je vous ai offert de vous être utile, & que je me ferai un plaiſir & un devoir de vous tenir ma parole. Adieu, Madame.

SCENE IV.

LÉONOR, LÉLIO.

LÉLIO.

JE me ſuis fait un effort pour me taire. N'imputez mon ſilence qu'à la crainte d'affliger un père qui me chérit, & pour qui ma préſence en ces lieux eût été un outrage ſenſible. Mais ma colère retenue n'en a que plus de violence. Qu'eſpérez-vous de la hardieſſe de votre démarche? Dans quel deſſein vous échappez vous à l'heure qu'il eſt de votre maiſon? Que prétendez vous en courant ſur mes pas? Vous êtes-vous flattée que j'aurais la faiblesse de vous entendre ? Mes yeux sont enfin dessillés. Je ne suis plus ce Lélio si tremblant de vos moindres reproches, si respectueux, si soumis en votre présence. Vous avez arraché le bandeau qui me voilait votre perfidie, & vous ne voyez plus en moi qu'un homme qui regrette de ne pouvoir retrancher de sa vie l'instant où il vous a connue, & qui vous abandonne aux remords, si votre ame en est encore susceptible, qui vous abandonne aux remords d'avoir déchiré le cœur de l'Amant le plus tendre & le plus passionné qui exista jamais.

LÉONOR.

Ah ! Lélio, quand vos transports seront calmés, quand la vérité vous sera enfin connue, combien vous rougirez des chagrins que vous causez à votre Léonor.

LÉLIO.

Vous n'êtes plus ma Léonor ; ah ! vous ne l'êtes plus. Ce nom, qui autrefois me causait une émotion si douce ; ce nom, que je ne pouvais prononcer sans qu'il me rappellât tout ce que l'amour a de plus séduisant ; ce nom, je le déteste. Il ne fait plus naître en moi que le mépris & l'indifférence. Je puis vous entendre sans me troubler ; je puis être auprès de vous calme & tranquille. Je le fuis, je ne vous aime plus à présent. Si vous m'inspiriez au moins des sentimens de haine, je vous fuirais. Parlez, j'écouterai votre justification avec sang-froid. Que pouvez-vous me dire ? Parlez, parlez ; mais n'espérez pas de me convaincre. Vous ne pourrez démentir le témoignage de mes yeux.

LÉONOR.

Qu'ai-je fait qui puisse vous mettre en un si grand courroux ?

LÉLIO.

Je n'ai pas de courroux, Madame.

LÉONOR.

Mais qu'ai je donc fait, enfin ?

LÉLIO.

C'est moi seul qui suis coupable. Mes yeux m'ont trompé ; la jalousie les fascinait. Cet homme qu'un pressentiment heureux m'a fait suivre, à qui j'ai vu ouvrir la porte de votre jardin, qui a rapidement monté l'escalier qui conduit à votre chambre, cet homme, me direz-vous, n'était pas votre amant ? c'est le hasard qui l'aura conduit auprès de votre demeure, c'est par une méprise fatale que sans hésiter il aura pris votre maison pour la sienne, qu'il s'est introduit dans un lieu qui ne lui est pas familier, où personne ne l'attendait. Tout cela est une imagination de mon esprit troublé. Ce n'était qu'une ombre que j'ai apperçue à la lueur des bougies qui éclairaient votre appartement ; & quand mes recherches m'auront fait rencontrer ce rival qui m'est inconnu, ce sera sans doute un de ces coups du hasard qui veulent que dans la foule des êtres on retrouve un objet qui ressemble à celui que créa une erreur mensongère. Voilà sans doute ce que vous espérez me persuader ; mais mon cœur est armé contre vos séductions, & je sais d'avance tout ce que vous pourrez me dire.

LÉONOR.

Lélio, cet événement affreux me consterne plus que vous. Un homme a eu l'audace de pénétrer jusques dans mon appartement. Une de mes femmes, qui n'est à moi que depuis quelques jours, l'a apperçu tout aussi bien que vous. Elle a jetté un cri perçant à sa vue : il a fui sans répondre. Je suis accourue au bruit, toute la maison a été en allarmes. Mon père aussi injuste, aussi soupçonneux que vous, m'a accablée d'outrages. Il a juré dans sa colère que sa propre main punirait une fille coupable ; il a saisi ses armes, il a couru à la poursuite de cet homme en lançant sur moi des regards menaçans. Je connais sa violence, je sais combien, malgré sa bonté, ses premiers transports sont à craindre, & sans être criminelle, sans avoir le moindre reproche à me faire, je me suis vue contrainte à fuir seule pendant la nuit de la maison paternelle.

LÉLIO.

Eh ! que prétendez-vous, Madame, pensez-vous que je sois assez crédule pour supposer avec vous que le hasard seul a présidé à cette avanture?

LÉONOR.

Si vous m'aviez jamais sincèrement aimée, Lélio, serais-je réduite à me justifier ? quand tout semblerait m'accuser, votre cœur prendrait ma défense. Je sais qu'au premier moment j'ai pu vous paraître coupable ; mais ma conduite avec vous dans tous les tems, ne vous dit-elle rien pour ma justification ? m'avez-vous jamais vue me plaire avec d'autres qu'avec vous ? ne ſavez-vous pas que votre amour eſt tout mon bien? Ne vous ſouvie... il plus que nous entretenant un jour du pouvoir légitime qu'a mon père ſur moi & à la ſeule penſée qu'il pouvait me donner à un autre; je tombai entre vos bras privée de ſentiment, & que cette penſée cruelle me pourſuivant encore lorſque j'ouvris les yeux, ils ne s'ouvrirent, Lélio, que pour verſer des larmes de ſang, & ces larmes, elles venaient de mon cœur. Cela n'eſt-il pas ainſi? ſi cela eſt, comment ſe peut-il qu'oubliant tant d'amour, vous ne voyez qu'une offenſe imaginaire, qu'une faute que je n'ai pas commiſe, & que vos ſoupçons vous faſſent oublier ma vertu & ne vous laiſſent voir que mon déshonneur.

LÉLIO.

Ah! laiſſez-moi, laiſſez-moi, je ne dois plus vous entendre.

LÉONOR.

Eprouveriez-vous donc du chagrin à me trouver innocente? pour être heureux avez-vous beſoin de haïr, ou de me mépriſer? je vous connais, Lélio, ces deux ſentimens ſeraient pénibles pour votre ame noble qui n'eſt faite que pour les mouvemens tendres ou généreux. Il m'importe que vous éclairciſſiez vos ſoupçons; votre eſtime m'eſt néceſſaire autant que votre amour. Je ne vous impute point mon malheur, je ne dois m'en prendre qu'à ma mauvaiſe fortune, & je ne puis encore refuſer de vous plaindre. Cependant, je vous en conjure, examinez toutes les circonſtances & ne vous fiez point à mes paroles, prenez des renſeignemens par-tout, interrogez tout le monde, & lorſque vous ne pourrez plus douter de ma faute, puniſſez-moi de votre main, ou plutôt quittez-moi, c'eſt le chagrin le plus grand que vous puiſſiez me faire, ſi rien de ce que je vous dis n'a le droit de vous émouvoir : allez trouver mon père, découvrez-lui que je vous aimai malgré ſa défenſe, que je ne ſuis pas moins criminelle envers vous qu'envers lui & celle qui eut donné avec plaiſir ſa vie pour ſauver la vôtre, recevra par vous la mort qu'elle n'a point méritée.

LÉLIO.

Que vous connaiſſez bien l'empire que vous avez ſur mon faible cœur.

LÉONOR.

A quoi vous réſolvez-vous ?

LÉLIO.

Pouvez-vous me le demander. Je vous ai entendue, & malgré ce courroux que je croyais ne devoir jamais s'éteindre, je ſens que l'amour ſeul l'emporte en ce moment.

LÉONOR.

En êtes-vous fâché ?

LÉLIO.

Jouiſſez de tout votre triomphe, voyez à quel point je vous aime. Je me reproche à préſent juſques à mes ſoupçons. Croyez, Léonor, que je n'ai point cherché à vous trouver coupable. Le haſard ſeul a tout fait. Mais je punirai, n'en doutez pas, l'inſolent auteur de votre peine & de la mienne.

LÉONOR.

Eſt-ce l'inſtant de vous occuper de votre vengeance. Que vais-je devenir ? votre cœur se pénètre-t-il de l'horreur de ma situation ?

LÉLIO.

Que craignez-vous avec votre amant. Poursuivie par l'infortune, vous vous refugiez dans mes bras. Je saurai respecter votre malheur & votre vertu. Vous ne ferez pas à Lélio l'injure de le croire capable d'abuser un moment de votre situation.

LÉONOR.

Mais mon père.....

LÉLIO.

Il faut d'abord vous dérober à son ressentiment. Il vous a défendu de m'aimer, il a d'autres vues pour votre établissement. Le mien m'ordonna d'épouser Clara, ma cousine ; je vous avais vue, je vous adorais, & je sentis que jamais je ne serais qu'à vous. Nos fautes sont pareilles ; mais ce sentiment si tendre qui ne meurt jamais dans le cœur d'un père, qui plaça le pardon à côté de l'offense, nous fera bientôt obtenir grace à leurs yeux. Ils nous aiment l'un & l'autre ; ils sont amis dès l'enfance. L'amitié réciproque, la nécessité fera taire leur courroux, & nous obtiendrons quelques jours leur aveu. Cependant il faut pourvoir dans ce moment à notre sûreté commune. Caché depuis un mois chez Carlin, dont j'achète à prix d'or le silence, mon père est loin de me soupçonner aussi près de lui. On vous croira vous-même partie avec l'inconnu qui s'est introduit chez vous, & ce n'est point chez Carlin que l'on viendra vous chercher. Je vais, vous conduire dans sa maison ; il veille pour m'attendre, & je saurai l'engager à nous garder un secret inviolable jusqu'au moment où nous pourrons nous découvrir sans crainte.

SCENE V.

SCENE V.

FABIO, FABRICE, LÉLIO, LÉONOR.

FABRICE, *à Fabio dans le fond.*

IL sera couché sans doute, il faudra l'éveiller.

LÉONOR.

Allons ! je m'abandonne à vos soins généreux.

FABIO.

Hé bien ! nous heurterons bien fort, il se réveillera.

LÉLIO.

J'entends quelqu'un.

FABRICE.

C'est ici sa maison, heurte.

LÉLIO.

On heurte à la maison de Carlin, qui peut venir le demander ?

LÉONOR.

Je crains...

LÉLIO.

Soyez sans inquiétude, il sait que je dois rentrer, & il se sera bientôt défait de cet importun. Venez, retirons-nous, nous allons revenir. (*Lélio & Léonor sortent par une des coulisses du devant du côté du Roi.*

SCENE VI.

TARUGO, FABRICE, FABIO.

TARUGO, *à la fenêtre.*

QUI fait donc ce sabat à la porte ? avez-vous envie de réveiller tout le quartier ? est ce que vous croyez que nous sommes sourds ?

FABIO.

Ouvrez.

TARUGO.

Qui est là-bas ?

FABRICE.

Moi.

TARUGO.

Vous ne vous appellez pas moi, peut-être.

FABRICE.

Je suis un ami de Carlin. Je veux lui parler tout de suite. Dites-lui de descendre.

TARUGO.

A la bonne heure, on s'explique. Attendez, je vais avertir mon maître.

SCENE VII.

FABIO. FABRICE.

FABIO.

ETES-VOUS bien assuré de sa discrétion de cet homme?

FABRICE.

La discrétion est sa plus grande vertu: aussi s'en fait-il bien payer. Avec l'or que je lui prodiguerai, je puis compter sur lui. J'ai fait plus d'une fois l'épreuve de ses talents; & si mon aventure me jettait dans quelqu'embarras, Carlin est un personnage à ressource & capable de me rendre les services les plus importants.

SCENE VIII.

FABIO. CARLIN. FABRICE.

CARLIN.

QUI desire me parler? Il faut que ce soit quelque chose de bien intéressant; car voilà une singulière heure pour rendre une visite.

FABRICE.

C'est moi, mon cher Carlin.

CARLIN.

Qui, vous ?

FABRICE.

Votre bon ami Fabrice.

CARLIN.

Ah ! Mon Dieu, je vous croyais au bout du monde.

FABIO.

Nous en arrivons en effet.

CARLIN.

Depuis deux ans que vous êtes parti.

FABRICE.

Il m'eſt arrivé bien des aventures.

FABIO.

Il y aurait de quoi remplir au moins dix volumes.

FABRICE.

Ecoutez-moi.

CARLIN.

Miſéricorde ! Eſt ce que vous voudriez me raconter tout cela ?

FABRICE.

Non, non ; mais j'ai à vous dire.

CARLIN.

Tenez, remettons ce récit à une autre fois.

FABRICE.

Raſſurez-vous, mon cher Carlin, je ne vous entrétiendrai pas de mes hauts faits d'armes, de mes exploits galants dans l'Amérique. Je viens tout bonnement vous faire part d'une dernière aventure où vos ſecours me deviennent néceſſaires.

CARLIN.

Si vous pouviez attendre à demain.

FABRICE.

Je n'ai pas un moment à perdre, & si vous êtes aussi serviable que je vous ai toujours connu, vous ne me refuserez pas vos bons offices. Je ne serai pas ingrat non plus, & il y a deux cent pistoles à gagner en m'obligeant, & cela sans avoir le moindre risque à courir.

CARLIN.

Parlez, Monsieur Fabrice, parlez : vous éveillez ma curiosité, & je suis tout oreille.

FABIO.

Monsieur Carlin a l'air d'une honnête créature.

FABRICE.

Lui, c'est le Roi des hommes.

CARLIN.

Parlez, parlez, je meurs d'impatience d'apprendre en quoi je puis vous être utile.

FABRICE.

Je vais abréger mon récit pour répondre à votre empressement. J'arrive de Florence où j'ai passé six semaines à mon retour d'Amérique. Je ne voulais y rester qu'un jour ou deux ; mais la rencontre d'une femme charmante changea en un instant toutes mes résolutions. La voir, l'aimer, desirer de fixer ses vœux, tout cela fut l'effet d'un regard. Je ne vous peindrai pas sa beauté, tous les amans n'ont qu'un langage ; mais ou je me trompe fort, ou c'est la plus belle personne de toute l'Italie.

CARLIN.

Il n'y a pas de doute à cela.

FABRICE.

Demandez, demandez à Fabio.

FABIO.

Oui, elle eſt bien.

FABRICE.

Elle eſt bien, bourreau, elle eſt bien; quelle façon de s'exprimer en parlant de Clara.

CARLIN.

De Clara !

FABIO.

Monſieur, elle eſt... elle eſt charmante.

CARLIN.

Revenons. Cette Clara... Vous ſçûtes ſans doute vous en faire aimer ?

FABRICE.

Tout accès était interdit auprès d'elle. Son père, le plus vigilant & le plus ſoupçonneux de tous les hommes ne la quittait pas d'un inſtant. Je ne pus parvenir à la revoir, elle ne ſortait plus de ſa maiſon. Jugez de mon déſeſpoir, lorſque, pour comble de malheurs, j'appris qu'elle allait épouſer ſon couſin Lélio qu'elle n'avait jamais vu, & qu'il était attendu chaque jour de Naples. Je languiſſais, je ſéchais d'inquiétude & de jalouſie, je roulais dans ma tête les projets les plus ſiniſtres, lorſque le père de Clara mourut ſubitement.

CARLIN.

Il ne pouvait mieux prendre ſon tems pour vous rendre ſervice.

FABRICE.

L'eſpoir ſe réveilla dans mon ame, & l'amour me ſuggéra ſur le champ une ruſe dont le ſuccès a paſſé mon attente. Accompagné de ce Valet, je me préſentai chez Clara ſous le nom de Lélio. Sans ſoupçon ſur ma feinte, j'en fus mieux reçu que je ne l'eſpérais. Que vous dirai-je enfin, j'ai eu le bonheur de lui plaire. Me croyant Lélio, elle m'a pressé de hâter mon retour à Naples. J'arrive avec elle & sa gouvernante; mais je touche au moment où tout va se découvrir.

CARLIN.

L'intrigue va bien jusques là, mais elle s'embrouille, & le dénouement pourra être orageux.

FABRICE.

J'ai tout à craindre de son oncle, de mon père & de la jalousie de Lélio. Mais je redoute encore plus le courroux de Clara.

CARLIN.

Que puis-je faire à tout ceci?

FABRICE.

J'ai persuadé à Clara qu'une étourderie de jeunesse m'avait un peu brouillé avec mon père, que je devais attendre quelques jours avant de me présenter chez lui, que ne lui ayant pas écrit depuis longtems, je devais redouter son premier abord. Comme elle n'a aucun soupçon, je n'ai eu aucune peine à lui persuader tout ce que j'ai voulu. Je lui ai dit que nous descendrions d'abord chez un ami commun. Vous êtes cet ami.

CARLIN.

Ah! j'entends; mais où tout cela vous ménera-t-il?

FABRICE.

Je ne sais. Mon dessein est de gagner du tems, de faire parler à mon père. Ma famille est égale à celle de Clara, nos fortunes, nos âges sont assortis. Si une fois j'ai le consentement de mon père, le reste ira de suite; mais mon père est si violent que la confidence devient embarrassante. Je voulais en charger ma sœur. Je me suis introduit cette nuit dans son appartement, j'allais parvenir jusqu'à elle, lorsqu'une femme de chambre qui ne me connaît pas, effrayée de mon apparition subite, a poussé des cris affreux. Les valets, mon père, tout le monde accourait; & ne voulant être vu de personne, j'ai fui sans pouvoir dire un mot à ma sœur, & sans même en avoir été apperçu.

CARLIN.

Vous prétendez donc que je reçoive Mademoiselle Clara dans ma maison?

FABRICE.

Je n'ai que cette ressource.

CARLIN.

Monsieur, cela n'est pas possible.

FABRICE.

Mais, mon cher Carlin, votre refus me met au désespoir.

CARLIN.

Une demoiselle enlevée, songez donc aux conséquences.

FABIO.

Mais deux cent pistoles.

CARLIN.

C'est tentatif, j'en conviens; mais ce diable de nom que vous prenez.

FABRICE.

Je vous donnerai quatre cent pistoles.

FABIO.

Quatre cent pistoles, Monsieur Carlin.

CARLIN.

Monsieur Carlin, Monsieur Carlin a ses raisons.

FABRICE.

Je vous en donnerai six cent, huit cent, mille.

FABIO.

Avez-vous une ame de bronze ?

FABRICE.

Faut-il embraſſer vos genoux ?

CARLIN.

Non, vos mille piſtoles m'ont ébranlé. Dois-je pourtant ?...

FABIO.

Ah, Monſieur Carlin ?

FABRICE.

Vous m'avez donné votre parole.

CARLIN.

Je me rends, je ne ſais pas refuſer mes amis. Croyez que ce n'eſt pas l'intérêt qui... Payerez-vous d'avance ?

FABRICE.

Voilà ma bourſe, & pour le reſte...

CARLIN.

Allez chercher cette Dame. Encore ſi vous n'exigiez pas le ſecret.

FABRICE.

O ciel ! Que dites-vous ? Le plus grand, mon ami ; le plus grand.

CARLIN.

Allons, je me tairai. Allez chercher cette Dame.

FABRICE.

N'oubliez pas que je ſuis Lélio, Lélio pour Clara, pour vous, ainſi que pour votre valet.

CARLIN.

A qui dites-vous cela ; mais partez, partez vite.

FABRICE.

Vous me rendez la vie. Je ſuis bientôt à vous.

SCENE IX.

CARLIN, *ſeul.*

OFFRIR mille piſtoles à un homme pour l'engager à faire une choſe embarraſſante, c'eſt lui tenir le couteau ſur la gorge, c'eſt contraindre ſa volonté, c'eſt lui ravir tous les moyens de refus; c'eſt une véritable tyrannie. Il faut que je ſois né ſous une étoile malheureuſe, pour être contraint à gagner de l'argent à des conditions auſſi dures. Ce Monſieur Fabrice, pendant qu'il y a des milliers de noms dans le monde, il va s'aviſer de prendre préciſément celui de Lélio, le ſeul qui pouvait me mettre dans l'embarras. On dirait qu'il l'a fait exprès, Ces choſes-là n'arrivent qu'à moi. Allons, ne ſongeons pas aux difficultés, n'enviſageons que la récompenſe. Je logerai mes deux hôtes dans deux corps de logis ſéparés, & j'éviterai facilement entr'eux toute eſpèce de rencontre. Pourvu que cet animal de Tarugo n'aille pas encore me faire des ſiennes. Il eſt néceſſaire que je l'endoctrine & lui faſſe ſon thème; car il eſt ſi completttement bête, qu'en voulant me ſervir, il eſt capable de me procurer quelques ſcènes déſagréables.

SCENE X.

TARUGO. CARLIN.

TARUGO.

Ne m'avez-vous point appellé, notre maître?

CARLIN.

Toi? non.

TARUGO.

Pardonnez-moi, j'écoutais à la porte, & j'ai bien entendu que vous avez dit mon nom. J'ai cru que vous me demandiez, & me voilà.

CARLIN.

C'est bon. J'ai effectivement à te parler. Ecoute-moi avec attention.

TARUGO, *après un gros soupir.*

J'y suis.

CARLIN.

Te souviens-tu de Monsieur Fabrice?

TARUGO.

De Monsieur Fabrice?

CARLIN.

Oui, de Monsieur Fabrice qui est parti il y a deux ans.

TARUGO.

Monsieur Fabrice! Ah, non... Si fait, si fait. Tenez, dites-moi son nom seulement, & je vais vous dire...

CARLIN.

Ah, l'imbécille! Eh, de qui te parlé-je ici?

TARUGO.

De Monsieur Fabrice.

CARLIN.

Hé bien, quel autre nom veux-tu que Monsieur Fabrice aye que le sien ?

TARUGO.

Ah, je m'en souviens. C'est ce beau jeune homme qui venait ici souper avec ses amis, qui vous prêtait sa bague & ses montres pour de l'argent ; mêmement qu'il m'a donné quelque fois la pièce, & quelque fois aussi des soufflets : mais je ne lui en veux pas.

CARLIN.

Te souviens-tu bien de lui ?

TARUGO.

Pardine ! Est ce qu'on oublie des pratiques de ce genre ?

CARLIN.

Il vient loger ici.

TARUGO.

Ah ! Tant mieux.

CARLIN.

Il va conduire chez nous une belle Dame. Tu auras soin de le nommer Lélio devant elle. Il faudra empêcher surtout qu'il ne se rencontre avec le véritable Lélio, ce qui sera fort facile, puisque ce dernier ne sort jamais de son appartement. Lorsque cette Dame viendra, songe à lui faire bon visage.

TARUGO.

C'est tout naturel, Monsieur. Quand vous ne me l'auriez pas recommandé, je l'aurais fait de moi-même. Je suis poli comme tout. Dame, c'est que ça vous vaut de bons petits profits.

CARLIN.

Te souviens-tu de ce que j'ai dit ?

TARUGO.

Bah ! c'est donc bien difficile ? Ne dites-vous pas que Monsieur Lélio va venir, & qu'il s'appelle Fabrice, qu'il va conduire une belle Dame qui ne s'appelle pas Lelio.

CARLIN.

Que le diable t'emporte ! Voyez comme il entend. Quoi, je t'ai dit que Monsieur Lélio allait conduire une Dame chez moi ?

SCENE XI.

TARUGO. CARLIN. LÉLIO. LÉONOR.

LÉLIO, *entrant de la coulisse par laquelle il est sorti.*

MON cher Carlin, vous m'avez donné tant de preuves de votre amitié que j'en attends encore une nouvelle en cette occasion. Il faut que vous receviez Léonor chez vous.

CARLIN, *à part.*

Fut-il jamais plus singulier événement. Il me conduit Léonor, lorsque j'attends son frère.

LÉLIO.

Que dites-vous ?

TARUGO.

Hé bien, Monsieur, n'avais-je pas raison de dire que Monsieur Lélio conduirait une Dame chez vous. Vous voyez comme j'ai compris tout de suite.

CARLIN.

Je ne te dis rien, entends-tu?

LÉLIO.

Seriez-vous instruit de l'étrange aventure qui oblige Léonor à vous demander un asyle ?

TARUGO.

Pardine, s'il le sait? Allez, Madame, je suis poli & je vous ferai bon visage; mon maître me l'a déjà recommandé.

LÉLIO.

Je suis dans un étonnement....

CARLIN.

Eh, ne prenez pas garde à ce qu'il dit. C'est un malheureux qui confond tout. J'attends en effet une de mes parentes, mais cet animal se brouille avec les noms & je ne sais rien, mais rien absolument de ce que vous voulez me dire.

TARUGO, *à part.*

Il devient fou mon maître, il bat la campagne.

LÉLIO.

Vous saurez qu'un homme a pénétré cette nuit dans l'appartement de Léonor; que son père, la soupçonnant coupable, a voulu la tuer; qu'elle a fui pour éviter son courroux; & que je vous prie de la recevoir dans votre maison, jusqu'à ce que j'aye pu prouver son innocence, en découvrant l'auteur de sa peine & de la mienne.

CARLIN, *à part.*

Si je pouvais parler.

LÉLIO.

Me refuseriez-vous?

CARLIN, *à part.*

Le frère qui va venir avec Clara.

LÉLIO.

Répondez-moi.

CARLIN, *à part.*

S'il trouve sa sœur ici ?

LÉLIO.

Ne m'abandonnez pas dans une pareille extrémité.

CARLIN.

C'est une affaire épouvantable.

LÉLIO.

Vous ne m'écoutez point.

TARUGO.

Je vous dis, Monsieur, qu'il perd la tête ; j'ai vu ça tout de suite.

LÉLIO.

Pour prix de ce service, exigez de moi tout ce que vous voudrez : mon cher Carlin, voilà ma bourse.

CARLIN.

Allons, je recevrai Léonor, & vous exigez le secret à votre tour?

LÉLIO.

Si je l'exige, pouvez-vous me faire cette question ?

CARLIN.

Vous ne présumez point l'embarras oú vous me mettez. Il faut éviter les soupçons, les rencontres imprévues.

LÉLIO.

Rien de plus facile.

CARLIN.

Ah, vous croyez, vous ! Laissez-moi réfléchir.

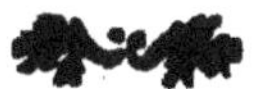

SCENE XII.

TARUGO. FABIO. CLARA. CARLIN. LELIO. LÉONOR.

FABIO.

VOTRE bonne arrange nos effets, Monsieur Lélio nous suit. Voici la maison qui nous est préparée. Vous en voyez le maître.

CARLIN, *à part.*

Ah! c'est fait de moi. Voici sans doute Fabrice avec Clara.

CLARA.

Lélio m'a assuré que je serais fort bien reçue chez vous.

CARLIN, *les premiers mots à part.*

Tout va se découvrir... Tarugo, conduisez cette Dame dans l'appartement au second.

LÉONOR, *à Lélio.*

Cette Dame vous a nommé.

TARUGO.

C'est donc celle-là qui...

CARLIN, *lui coupant la parole.*

Hé; va donc, animal, va donc. Madame, suivez ce garçon.

TARUGO.

Venez, Madame, venez, l'appartement est propre que l'on s'y mirerait dedans. C'est moi qui en ai soin. Ah, vous serez ici comme le poisson dans la rivière.

SCÈNE XIII.

SCENE XIII.

CARLIN. LÉLIO. LÉONOR.

LÉONOR.

QUE veut dire ceci, Lélio ?

CARLIN, *à part.*

Autre embarras, la voici jalouse.

LÉONOR.

Cette Dame vous a nommé.

LÉLIO.

Je ne l'ai pas entendu.

CARLIN.

Ni moi non plus en vérité. Mais comment cela se pourrait-il, puisque c'est une de mes parentes, qu'elle vient de bien loin d'ici, & qu'elle n'a jamais vu Monsieur.

LÉONOR.

Vous êtes tous les deux d'intelligence, j'ai fort bien entendu qu'elle a prononcé le nom de Lélio.

LÉLIO.

Ma chère Léonor, je vous jure...

LÉONOR.

Laissez-moi, laissez-moi. Suis-je assez malheureuse !

LÉLIO, *à part.*

Mais comment se pourroit-il que cette Dame... Je m'y perds.

SCÈNE XIV.

FABRICE. CARLIN. LÉLIO. LÉONOR.

FABRICE.

Mon cher Carlin.

CARLIN, *à part.*

En voici bien d'un autre. (*Prenant Fabrice par la main & l'éloignant.*) Chut !

LÉONOR.

Ciel, mon frère ! Ah, fuyons ! (*Elle entre chez Carlin.*)

SCÈNE XV.

FABRICE. CARLIN. LÉLIO.

FABRICE, *bas à Carlin.*

Clara est venue.

CARLIN, *à part.*

Elle est déjà dans son appartement. Ecoutez.

LÉLIO.

Je ne me trompe point, c'est le même homme que j'ai vu dans l'appartement de Léonor. Ah ! mes soupçons enfin sont éclaircis. (*Se tournant du côté où était Léonor.*) Que répondrez-vous, ingrate ?... Comment, elle a disparu. Puis-je avoir une preuve plus certaine de sa trahison. Mais je puis claircir tous mes doutes. (*à Fabrice.*) Monsieur.

FABRICE.

Que vous plaît-il ?

CARLIN, *à part.*

Rompons cet entretien.

LÉLIO.

J'aurais deux mots à vous dire.

CARLIN, *à Lélio.*

Eh ! ce n'est pas le moment de s'expliquer.

FABRICE.

Que me voulez-vous ?

CARLIN, *bas à Fabrice.*

C'est un homme qui a le cerveau timbré. (*Il va à Lélio.*)

LÉLIO.

Laissez-nous, Carlin.

FABRICE.

Cet homme a effectivement un air extraordinaire.

CARLIN, *bas à Lélio.*

Si quelqu'un venait à passer, & vous reconnaissait ?

LÉLIO.

N'importe. — Monsieur ?

CARLIN, *bas à Fabrice.*

Ne répondez pas, son accès le prend.

FABRICE.

Nous nous expliquerons une autre fois.

CARLIN, *à part.*

Il me vient une excellente idée.

LÉLIO.

Non, Monsieur, nous nous expliquerons, & dans ce moment même.

FABRICE.

Eh, Monsieur.

LÉLIO.

Vous me rendrez raison.

FABRICE.

Raison à un fou.

LÉLIO, *mettant la main sur son épée.*

Monsieur !

CARLIN, *du milieu du Théâtre.*

Monsieur Lélio, Monsieur Lélio, j'apperçois votre père.

LÉLIO, *à part.*

Mon père !

FABRICE, *à part.*

Mon père !

CARLIN, *à Fabrice.*

Fuyez par la grande place, allez à votre auberge, j'irai vous y trouver.

FABRICE, *en s'en allant.*

O Ciel ! Puisse mon père ne m'avoir point apperçu.

CARLIN, *à Lélio.*

Monsieur Lélio, prenez vîte par-là. (*Lui montrant le côté opposé par où sort Fabrice.*)

LÉLIO.

Si j'entrais chez vous.

CARLIN.

Il vous appercevrait. Dénichez, dénichez.

SCÈNE XVI.

CARLIN, *seul.*

MA FOI, vive l'esprit ! Ce nom de Lélio qu'ils portent tous les deux à présent, ce nom qui me causait tant d'inquiétude, vient de me tirer d'un terrible embarras. Je vais faire mes efforts pour n'y plus retomber. Ils me payent bien l'un & l'autre, c'est dans l'ordre ; je reçois des deux parts, c'est tout naturel ; ils me demandent également le secret, je le leur garderai. Mais si, malgré mes soins, mes mensonges & mon adresse l'aventure se découvre : ils peuvent bien être sûrs d'une chose ; j'en jure sur mon honneur, ils auront beau dire, ils auront beau faire, crier, jurer, me battre même si cela les amuse, d'abord je ne rends pas l'argent qu'ils m'ont donné.

Fin du premier Acte.

ACTE II.

SCENE PREMIERE.

CARLIN, *seul.*

Nos deux nouvelles hôtesses sont chacune dans leur appartement assez tranquilles en apparence. Je les ai payées de bonnes raisons pour excuser l'absence de leurs amoureux. Ils ne tarderont pas à rentrer sans doute. Pourvu que ces Messieurs ne se donnent pas le mot pour arriver ensemble : Oh! non, non, Fabrice m'attend à la poste, Lélio va venir, je lui persuaderai ce que je voudrai ; & j'espère que, sans un grand effort d'imagination, je saurai les empêcher de pouvoir se rejoindre. Il est de mon intérêt de prolonger une explication : plus elle tardera, plus mes profits iront en augmentant. On ne trouve pas toujours les occasions de louer ses appartements à des personnes jalouses de garder *l'incognito*. Je dois en homme habile profiter de la circonstance ; & quand je m'appercevrai que les profits baisseront, que leurs finances toucheront à leur fin ; alors, en médiateur adroit & serviable, je me ferai un mérite de la nécessité, & j'aménerai un dénouement agréable pour eux comme pour moi.

SCENE II.

LÉLIO. CARLIN.

CARLIN.

AH! Voici Monſieur Lélio.

LÉLIO.

Mon cher Carlin, jamais je ne me trouvai dans un état plus cruel.

CARLIN.

O ciel! Seriez-vous malade ? Vous ſavez que je me mêle quelquefois de médecine : par amour pour mes ſemblables, j'ai laiſſé là cette profeſſion; mais pour un ami, il n'eſt rien qu'on ne faſſe, & je puis, tout auſſi bien qu'un autre, vous adminiſtrer quelque petit remède. Ma ſcience eſt à votre ſervice.

LÉLIO.

Je me porte à merveille.

CARLIN.

Qu'avez-vous donc?

LÉLIO.

Je ſuis jaloux, & de tous les maux c'eſt le plus cruel.

CARLIN.

Jaloux ! Et de qui, par aventure ?

LÉLIO.

De cet homme que j'ai vu dans l'appartement de Léonor.

CARLIN.

Vous penſez encore à cela ?

LÉLIO.

C'eſt le même que j'ai revu tantôt avec vous.

CARLIN.

Quand ?

LÉLIO.

Quand vous m'avez annoncé mon père.

CARLIN.

Vous êtes jaloux de cet homme !

LÉLIO.

Cela me trouble au point que j'en perds la raiſon.

CARLIN.

Vous ne la perdrez pas.

LÉLIO.

Comment ?

CARLIN.

C'eſt une affaire faite.

LÉLIO.

Ah ! Je ſais ce que je dis, & vous le ſavez auſſi ſans doute, puiſque cet homme eſt votre ami, & qu'il loge chez vous.

CARLIN.

La jalouſie vous trouble la cervelle. Ce cavalier qui vous cauſe tant d'inquiétude, n'eſt arrivé à Naples que de ce matin.

LÉLIO.

Que de ce matin !

CARLIN.

Eh, oui, mille fois, oui ; & ſi vous l'avez vu dans l'appartement de Léonor, vous n'y avez vu que ſon ombre. C'eſt une viſion de jaloux, ſi jamais il y en eût.

LÉLIO.

Vous prétendriez me persuader...

CARLIN.

Rien du tout. Mais si vous connaissiez comme moi les terribles effets de la jalousie... Je puis vous en parler savamment. Du tems de ma défunte, Dieu veuille avoir son ame, il m'est arrivé mille fois de croire appercevoir auprès d'elle un galant, & même de m'imaginer que je le reconnaissais. Je faisais un bruit d'enragé ; mais la pauvre femme me protestait de son innocence avec tant de bonne foi & d'un air si pénétré, que je reconnaissais mon erreur, & finissais toujours par lui en demander pardon.

LÉLIO.

Je ne suis pas comme vous un homme à visions. J'ai vu, ce qui s'appelle vu.

CARLIN.

Tant pis pour vous, si vous croyez tout ce que vous voyez; vous vous préparez bien des chagrins en amour. Il faut se défier des apparences, & souvenez-vous de ce que je vous dis : quand vous connaîtrez ce cavalier qui vous cause de l'ombrage, vous serez honteux, faché même de vos soupçons.

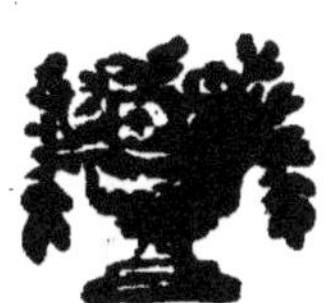

SCENE III.

LÉLIO. CARLIN. BERALDE. PEDRO.

PEDRO.

VOTRE fils est dans cette maison, j'en suis certain, je viens de l'y voir entrer. Hé, le voici lui-même.

BERALDE.

Que vois-je ? Me trompai-je ? Lélio.

LÉLIO.

Ciel ! mon père ?

CARLIN, *à part.*

Ah ! Voici bien le diable.

BERALDE.

Que veut dire cela, mon fils, vous à Naples, & vous n'êtes point dans la maison de votre père ?

LÉLIO, *embarrassé.*

Mon père.

BERALDE.

Que signifie ce trouble ? Est-ce que votre cousine Clara n'est point avec vous ?

LÉLIO, *à part.*

Je ne sais que répondre.

BERALDE.

Hé bien ?

LÉLIO.

Mon père !

CARLIN, *les premiers mots à part.*

C'est à moi à finir cet embarras. — Ne vous

étonnez pas, Monsieur, du trouble de votre fils. la joie de vous revoir en est l'unique cause. Galien le remarque avec justesse dans ses Aphorismes; la joie intérieure nous coupe la parole, elle suspend toutes les facultés de notre ame; & le saisissement de Monsieur Lélio, à votre aspect imprévu, est l'effet de l'amour filial.

BERALDE.

Tout cela ne répond point à ma question. Que fait-il ici?

CARLIN.

Un peu de patience. Ecoutez-moi, je vais tout vous conter.

LÉLIO.

Que va-t-il lui dire?

CARLIN, *bas à Lélio.*

Taisez-vous.

BERALDE.

Hé bien?

CARLIN.

Monsieur Lélio est arrivé hier au soir à minuit. En passant devant ma maison, un postillon mal-adroit accroche une borne & renverse la voiture. Mademoiselle Clara pousse un cri affreux & s'évanouit. Les voisins s'assemblent, j'accours au bruit, je reconnais Monsieur Lélio. Son embarras, sa situation, celle de sa cousine, & celle de la gouvernante qui était toute éclopée, me pénètrent. Je m'empresse de leur offrir & ma maison & mes services, & nous sortions ce matin ensemble pour nous rendre chez vous, lorsque vous nous avez fait l'honneur de nous prévenir.

BERALDE.

Serait-il possible!

CARLIN.

Voici l'exacte vérité.

BERALDE.

Embrasse-moi, mon cher Lélio.

LÉLIO.

Mon père.

BERALDE.

Je venais ici pour te gronder, & je ne sens plus que le plaisir de te voir; mais je brûle d'embrasser aussi ma petite nièce. Conduis-moi tout de suite à son appartement.

CARLIN.

Monsieur, elle n'a pas fermé l'œil de la nuit. Elle repose en ce moment. Il serait dangereux de la réveiller en sursault. Elle a l'air d'avoir une santé délicate. Après la chûte d'hier... Vous sentez mes raisons.

BERALDE.

Laissons-la reposer. Si l'on croyait cependant les gens, on ferait de belles choses. Le Seigneur Bernardille, le père de Léonor, vient de m'écrire une longue lettre que j'ai là, où il m'assure que tu n'es pas sorti de Naples, dans laquelle il t'accuse d'avoir enlevé sa fille. Il me menace des poursuites de la justice.

CARLIN.

Il vous écrit cela ?

BERALDE.

Oui, parbleu, en propres termes.

CARLIN.

Accuser Monsieur qui arrive de Florence ? Voyez la calomnie.

BERALDE.

Ce qu'il y a de particulier, c'est que je crois

que je suis plus coupable que mon fils. Je ne connais pas cette Léonor que son père n'a retiré du couvent que depuis quelques jours. Mais je gagerais que c'est elle que j'ai rencontré cette nuit, qui courait après son amant qui, par parenthèse, n'avait pas l'air de s'en soucier; & je les ai presque raccommodés ensemble. Que dites-vous de l'aventure ?

CARLIN.

Elle est vraiment comique.

BERALDE.

Lélio, attends-moi ici. Je passe chez Bernardille. Oh ! Parbleu, je vais lui laver la tête d'importance.

CARLIN.

Vous ferez bien.

BERALDE.

Cet original ! Nous nous soucions bien de sa Léonor. Une jolie demoiselle, en vérité, qui fait la nuit de pareilles escapades. Je vais lui parler ferme au bon homme. S'il est violent, oh ! parbleu, je suis verd, il ne me fait pas peur.

CARLIN.

Je vais vous y suivre. Allez devant.

BERALDE.

Oui, vous pouvez témoigner dans cette affaire Je veux m'amuser à ses dépens, & je lui dirai, s'il faut punir quelqu'un : c'est moi qui suis le ravisseur. Ah, ah, ah, ah !

SCENE IV.

LÉLIO. CARLIN.

LÉLIO.

DANS quel nouvel embarras m'avez-vous jetté?

CARLIN.

Dites plutôt de quel mauvais pas mon adresse vous tire.

LÉLIO.

Quel est le but du mensonge que vous venez de faire?

CARLIN.

Ah! Que vous avez peu d'intelligence. Votre père n'a jamais vu Clara, Léonor lui est également inconnue.

LÉLIO.

Hé bien?

CARLIN.

Hé bien, conduisez Léonor chez votre père, vous lui direz que c'est votre cousine.

LÉLIO.

Ah! je démêle...

CARLIN.

Y êtes-vous?

LÉLIO.

Ah, mon cher Carlin, que je vous ai d'obligations.

CARLIN.

Vous n'êtes donc plus fâché contre moi?

LÉLIO.

Il faudrait que je fusse le plus ingrat des hommes.

CARLIN.

Restez ici, prévenez Léonor. Moi, je cours chez le Seigneur Bernardille, &, tout en vous disculpant, j'embrouillerai si bien les affaires, que nos deux vieillards n'iront plus l'un chez l'autre.

LÉLIO.

Bien imaginé. Mais si Clara venait à écrire.

CARLIN.

Je me charge aussi de celle-là, je vous en débarrasserai.

LÉLIO.

Mais comment?

CARLIN.

Comment? Comment? Ai-je le loisir d'entrer dans tous les détails de mon plan. Laissez-moi agir, soyez en repos. J'envisage votre affaire sous tous ses rapports, je saurai prévenir jusqu'à la moindre catastrophe. Restez ici: tous les moments sont précieux. (*à part, en sortant.*) Allons trouver Fabrice, pour qu'il ne se montre ici que quand nos amants en seront délogés.

SCENE V.

LÉLIO, *seul.*

TOUT succède à mes voeux, & je ne suis pas tranquille; je ne puis l'être que je n'aye eu une explication avec ce Cavalier que j'ai vu chez Léonor. Envain Carlin veut me persuader que ce n'est pas le même que j'ai revu tantôt; il a ses raisons sans doute pour me parler ainsi; mais mes yeux ne m'ont point trompé, & je dois avant tout éclaircir mes soupçons.

SCENE VI.

TARUGO. LÉLIO.

TARUGO.

Ah ! Vous voilà, Monsieur Lélio; est-ce que vous n'allez pas sortir ?

LÉLIO.

Pourquoi ?

TARUGO.

Ah ! dame, c'est à cause de cet autre.

LÉLIO.

Quel autre ?

TARUGO.

Ce Monsieur de tantôt.

LÉLIO.

Cet étranger ?

TARUGO.

Oui, il ne veut pas entrer tant que vous serez là. Il en a bien envie pourtant, car il voudrait parler à cette Dame.

LÉLIO.

Parler à cette Dame ?

TARUGO.

TARUGO.

Il l'aime tout plein. Il ne veut pas qu'on le sçache, mais j'ai bien deviné malgré ça de quoi il retournait.

LÉLIO.

Que t'a-t-il dit ?

TARUGO.

De l'avertir quand vous n'y seriez plus.

LÉLIO.

Où est-il ?

TARUGO.

Ce n'est pas, m'a-t-il dit, qu'il ait peur de vous, c'est qu'il ne veut pas faire de bruit : il a ses raisons, & puis il assure que vous êtes un peu fou.

LÉLIO.

Où est-il enfin ?

TARUGO.

Il rode autour de la maison.

LÉLIO.

Oh ! je n'en puis donc plus douter ? Ingrate Léonor, tu ne jouiras pas de ta perfidie, & je cours me venger de l'insolent qui m'outrage, & que ton cœur me préfere.

SCENE VII.

TARUGO, *seul.*

OUI, cours. Cet autre va l'attendre ! Qu'il compte là-dessus. Il avait raison, Monsieur... Monsieur... J'oublie toujours son nom... Monsieur Fabrice ; oui, il avait raison de dire qu'il est fou cet autre qui s'en va. C'est singulier pourtant que ça lui soit venu tout de suite. Ça donne à penser ; & si j'allais perdre l'esprit aussi quelques jours, ça me ferait bien de la peine.

SCÈNE VIII.

TARUGO CLARA.

CLARA.

JE ne conçois rien à l'absence de Lélio. — L'avez-vous vu, mon ami ?

TARUGO.

Oui, Madame ?

CLARA.

Lélio ?

TARUGO.

Sûrement que je l'ai vu, que je lui ai parlé, mêmement que je crois qu'il a quelque chose qui le chagrine, car il est tout je ne sais comment.

CLARA, *à elle-même.*

Il a des chagrins, pourquoi ne pas me les confier ?

TARUGO.

C'est vrai.

CLARA.

Son père est peut-être encore irrité contre lui.

SCÈNE IX.

TARUGO. CLARA. LÉONOR.

LÉONOR, *au fond de la Scène, sortant du Cabinet.*

IL faut que j'aye une explication avec cette Dame étrangère. (*Se retirant, voyant entrer Béralde.*) Allons, je ne pourrai pas encore lui parler.

SCENE X.

TARUGO. CLARA. BERALDE. LÉONOR.

BERALDE.

JE n'ai pas trouvé Bernardille, je le verrai une autre fois.

TARUGO.

Monsieur demande-t-il quelqu'un ?

BERALDE.

Mon fils est-il sorti, mon ami ?

TARUGO.

Comment qu'il s'appelle Monsieur votre fils ?

BERALDE.

Lélio.

TARUGO.

Monsieur, il n'y est pas pour le moment. C'est

mal à lui de s'en aller comme ça, quand tout le monde le demande. Voilà une Dame qui attend après lui.

BERALDE.

Que vois-je? Seriez-vous Clara?

CLARA

Oui, mon cher oncle.

LÉONOR, *qui écoute du fond, & à part.*

Qu'entends-je?

CLARA.

Pardonnez à Lélio, s'il ne m'a pas d'abord conduite chez vous.

BERALDE.

Je sais tout, je lui ai tout pardonné. J'ai trop de plaisir à vous voir, ma chère niéce, pour que je puisse conserver le moindre ressentiment contre cet étourdi.

CLARA.

Ah! Je sens tout le prix de vos bontés.

BERALDE.

Je ne puis vous souffrir plus long-tems dans cette maison. Ma voiture est à la porte, venez, ma chère niéce. Mon ami, vous direz à Lélio de se rendre tout de suite chez moi. (*à Tarugo qui le suit.*) Restez, mon ami, restez.

TARUGO.

Ah! Monsieur, je sais vivre peut-être, & je vais vous reconduire, pour avoir l'honneur de vous ouvrir la portière de votre carrosse.

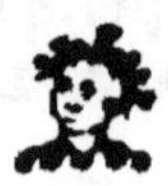

SCENE XI.

LÉONOR, *seule.*

Est-il un sort plus cruel que le mien ? Il ne m'est plus permis de douter de mon infortune. Clara, cette rivale que je redoutais, arrive, & l'ingrat Lélio, pour me faire prendre le change, feint d'être jaloux de moi, lorsqu'il ne m'aime plus. Mon malheur me fait fuir de la maison de mon père, de ce père qui ne peut plus me voir qu'avec indignation. Je perds tout à la fois, & je suis si à plaindre que ma jalousie est encore le moindre de mes maux. Comment sortir de l'abyme où je suis ? Rester ici, c'est augmenter mon chagrin ; penser encore à Lélio, serait le comble de la bassesse. Je ne puis rien résoudre, rien. Tout ce que j'envisage est egalement affreux, & le plus horrible désespoir est tout ce qui me reste. Infortunée ! Pourquoi n'expiré-je pas à l'instant, puisque je ne tiens à la vie que par le sentiment de la douleur ?

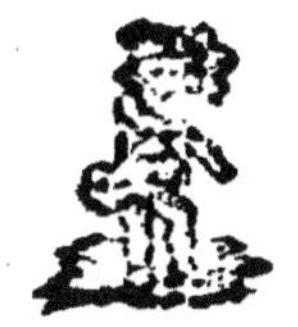

SCÈNE XII.

LÉONOR. CARLIN.

CARLIN.

TOUT va à merveille. J'ai désabusé le Seigneur Bernardille. Ah ! voici Léonor. Combien elle va se réjouir du succès de ma ruse. Vous savez, Mademoiselle, tout ce que j'ai fait pour Lélio.

LÉONOR.

Oui, traître, je sais tout. Lélio est un ingrat, Lélio me trompe, vous êtes son complice, Clara est arrivée.

CARLIN, *à part.*

D'où diable le sait-elle ?

LÉONOR.

En ce moment elle est dans la maison de son oncle.

CARLIN.

Ah ! mon Dieu !

LÉONOR.

Il est venu la chercher ici. Il l'a emmené en ma présence.

CARLIN.

Ah ! ce coquin de Tarugo, c'est lui sans doute qui a tout fait.

LÉONOR.

Non, non, c'est vous seul & Lélio ; jouissez l'un & l'autre de mon désespoir.

CARLIN.

Mademoiselle, écoutez-moi.

LÉONOR.

Que voulez-vous me dire ?

CARLIN.

Lélio n'est point coupable. Il y a là un quiproquo. Permettez que je vous instruise...

LÉONOR.

Vous voulez me tromper encore.

CARLIN.

Non, non, c'est une aventure dont je vais enfin vous débrouiller le nœud.

SCENE XIII.

LÉONOR. CARLIN. FABRICE.

FABRICE.

J'AI échappé aux poursuites de cet homme.

CARLIN.

Qui entre ?

LÉONOR.

Ciel ! mon frère.

CARLIN, *à part.*

Ah ! c'est le coup de grace.

FABRICE.

Que vois-je ? Ma sœur !

LÉONOR, *à part.*

Je suis morte.

CARLIN, *à part.*

Je n'ai pas une goutte de sang dans les veines.

FABRICE.

Vous ici, Léonor ?

LÉONOR, *à part.*

Que répondre.

FABRICE.

Votre trouble m'apprend mon deshonneur.

CARLIN.

Comment me tirer de-là ?

FABRICE.

Parlez, Léonor, parlez.

LÉONOR.

Ah Ciel !

FABRICE.

Carlin, ma sœur chez vous ? Que signifie ce'a ?

CARLIN.

Eh ! parbleu, n'accusez que vous seul de tout ce qui arrive.

FABRICE.

Moi ?

CARLIN.

Vous-même.

LÉONOR.

Que va-t-il lui dire ?

CARLIN.

N'êtes-vous pas entré cette nuit dans l'appartement de votre sœur ? Votre père, qui soupçonnait que c'était un amant, ne s'est-il pas mis à votre poursuite ? N'a-t-il pas menacé votre sœur, qui, effrayée de son courroux, s'est sauvée par la porte du jardin qu'elle a trouvé ouverte. Elle s'est réfugiée chez moi, pouvais-je lui refuser un asyle ? Ai-je eu le tems de vous instruire ? Vous paraissez : elle se trouble, parce qu'ignorant tout ce qui s'est passé, elle craint que vous ne la soupçonniez coupable. Je me trouble, parce que je vous connais pour une mauvaise tête, & tous trois nous formons le tableau le plus intéressant. Vous voyez que c'est vous qui avez fait tout le mal, & que c'est vous qui devez le réparer. Voici la vérité, sans qu'il vous soit possible d'en contredire un mot.

LÉONOR.

Quoi, mon frère, c'est vous qui êtes l'auteur de ma peine? Ah! Venez, venez me justifier auprès de mon père, arrachez-moi au malheur qui m'accable.

FABRICE.

Ah! ma sœur, que me demandez-vous? Moi, me montrer aux regards de mon père.

LÉONOR.

Que mon désespoir vous touche. Venez, venez prouver mon innocence à ce bon père, qui me maudit peut-être en cet instant.

FABRICE.

Ah! Si vous saviez tout ce qu'il m'en coûte.

LÉONOR.

Il me croira coupable, si vous me refusez. Poursuivie par le sort le plus affreux & le moins mérité, il faut que je me réfugie dans les bras de mon père. Vos secours & son amitié sont tout ce qui me reste.

FABRICE, *à part.*

Cruel événement! Et Clara! Clara!

CARLIN, *à part.*

S'il l'emmène, que dira Lélio?

LÉONOR.

Au nom de tout ce que vous avez de plus cher au monde, ne me refusez pas la grace que j'implore.

FABRICE.

Votre honneur soupçonné doit l'emporter sur tout. Venez, ma sœur, venez. Suis-je assez malheureux !

SCENE XIV.

CARLIN, *seul.*

Non, jamais on ne vit un mortel plus malencontreux que moi. Toutes mes ruses, tout ce que j'imagine, tout se tourne pour me désespérer. Me voilà à présent deux amoureux sur les bras, également jaloux, également colères, qui ne manqueront pas de me soupçonner de perfidie, & de m'imputer à tort & les coups du hasard, & les balourdises de cet imbécille de Tarugo. Ils vont venir l'un après l'autre me redemander leur maitresse ; que leur répondre ? Quel stratagême inventer pour me tirer de cet abyme ?.. Eh ! Quoi, Carlin, les revers t'accablent ainsi. Ne peux-tu pas continuer de mentir ? Oh ! j'y perds la tête. J'en deviendrai fou. Cet éclaircissement ne tient qu'à un mot ; mais ce mot, il faut pouvoir le dire ? Il faudrait mettre tous mes personnages en présence les uns des autres, & les voilà tous dispersés. Si j'allais trouver les deux femmes ? Je puis entrer à tout heure chez Bernardille. Son fils ne gardera pas la maison, je pourrai facilement parler à Léonor, de-là j'irai trouver Clara. Il vaudrait mieux leur écrire, les prier l'une & l'autre de passer ici : elles sont loin, d'être contentes, & doivent desirer un éclaircissement. Quant aux deux amants, ils ne manqueront pas de venir ici, & si je crains quelque chose, c'est de les voir arriver trop tôt. Allons, écrivons donc, Tarugo !

SCENE XV.

TARUGO, CARLIN.

TARUGO.

Que me voulez-vous !

CARLIN.

C'est ce malheureux-là qui m'attire tout ce désagrément. Il me prend des démangeaisons de l'étriller d'importance.

TARUGO.

Est-ce pour cela que vous me demandez? Je m'en vais, moi.

CARLIN.

Reste. Je l'assommerais que cela ne remedierait à rien C'est moi qui ai eu tort de m'empêtrer de cet animal.

TARUGO.

Sur quelle herbe a-t-il donc marché aujourd'hui?

CARLIN.

S'il est bête, ce n'est pas sa faute.

TARUGO.

Oh ! ça, c'est bien vrai.

CARLIN.

Reste là. Si quelqu'un vient me demander, je n'y suis pas.

TARUGO.

C'est entendu. C'est un mensonge que je débite comme une vérité. Vous savez bien : lorsque ce marchand, à qui vous devez tant, vient vous demander ; bernique pour lui, Monsieur est en ville.

CARLIN.

Qui te parle de cela ?

TARUGO.

C'est pour vous faire voir que je sais ce que c'est que le service.

CARLIN.

Je perds la tête de m'arrêter à jaser avec cet imbécilie. Allons vîte écrire mes lettres.

TARUGO.

Monsieur.

CARLIN.

Que me veux-tu ?

TARUGO.

Qu'est-ce que je dirai à ces autres, s'ils viennent ?

CARLIN.

Quels autres ?

TARUGO.

Eh ! Pardi, nos amoureux. Monsieur Lélio qui n'est pas Fabrice, & Monsieur Lélio qui est Monsieur Lélio.

CARLIN.

Tu leur diras que je reviendrai bientôt.

TARUGO.

Et s'ils me demandent tout plein de choses.

CARLIN.

Tu leur diras, tu leur diras tout ce que tu voudras. — A présent, il ne peut plus me nuire, & je peux lui donner carte blanche.

SCENE XVI.

TARUGO, *seul.*

A LA bonne heure ! Je puis jaser de moi-même à présent. Si notre maître ne me génait pas sur ce qu'il faut dire, s'il ne m'embarlificotait pas la tête d'un tas de contes qns n'ont ni pères, ni mères, ça irait bien mieux. Il s'est mis dans la tête que je n'ai pas d'esprit, comment peut-il savoir cela, puisqu'il ne veut jamais que je m'en serve, & qu'il prétend que je répête comme un perroquet toutes ses calembredaines. Dame ! ça vous brouille la mémoire, vous dites un mot pour l'autre, c'est tout simple. & l'on vous fait tout de suite une bête d'un joli garçon qui n'est pas aussi niais que l'on voudrait le croire.

SCENE XVII.

LÉLIO. TARUGO.

LÉLIO.

J'AI couru après mon rival, il m'a échappé au détour d'une rue, & ma jalousie injuste peut-être m'a fait perdre des moments précieux. Si mon père était revenu avant que Carlin eut instruit Léonor. J'ai commis une imprudence. Ah ! voici Tarugo. Où est Carlin ?

TARUGO.

Monsieur, il n'y est pas. (*à part.*) Bon ! Ma commission est faite.

LÉLIO.

Il n'y est pas ?

TARUGO.

Non, Monsieur, il reviendra bientôt.

LÉLIO.

Tu n'as vu venir personne ici ?

TARUGO.

Pardonnez-moi. Demandez-moi tout ce que vous voudrez à présent, je vous dirai tout.

LÉLIO.

Je te demande si quelqu'un est venu !

TARUGO.

Certainement. Monsieur votre père.

LÉLIO.

Mon père !

TARUGO.

Oui, Monsieur, lui-même en personne. Oh ! je le connais bien. Il est fort poli, au moins, Monsieur votre père. Il m'a appellé son ami, il m'a dit que vous étiez son fils, c'est comme quoi j'ai deviné qu'il était votre père.

LÉLIO.

Hé bien, qu'a-t-il fait ?

TARUGO.

Il a trouvé là cette Demoiselle. Ah ! dame, les noms me brouillent : tant y a qu'il l'a appellée sa nièce, qu'elle l'a appellé son oncle, qu'ils se sont fait bien des amitiés, qu'ils se sont en allés ensemble, & que votre père a dit que vous vous en alliez tout de suite chez vous.

LÉLIO.

Carlin avait donc prévenu Léonor.

TARUGO.

Attendez, ce n'est pas ce nom-là qu'a dit Monsieur votre père, ça ne rime pas en or.

LÉLIO.

C'est Clara.

TARUGO.

C'est ça. Je savais bien que je le trouverais.

LÉLIO.

Oh! Je suis enchanté.

TARUGO.

Tant mieux.

LÉLIO.

Je cours chez mon père. Bientôt je viens ici remercier ton maître. C'est lui qui me rend heureux, Je veux lui en témoigner ma reconnaissance. Dis-lui que je suis au comble de la joie.

SCENE XVIII.

TARUGO, *seul.*

VOILA ce que c'est que de laisser faire le monde. A présent que je puis parler librement, ça ira, ça ira. On ne m'a pas fait ma leçon pour celui-là, aussi le voilà qui s'en va tout joyeux. Il ne dira pas, lui, que je suis une bête.

SCENE XIX.

TARUGO. CARLIN.

CARLIN.

DOIS JE me servir pour ce message de cet imbécille ?

TARUGO.

Il est toujours obstiné à cela. Toujours la même chanson.

CARLIN.

Je n'ai personne autre sous la main. Tarugo.

TARUGO.

Monsieur.

CARLIN.

Te sens-tu assez d'intelligence pour aller remettre chacune de ces lettres à son adresse. A Mademoiselle Clara chez Monsieur Béralde ; à Mademoiselle Léonor chez Monsieur Bernardille.

TARUGO.

En deux tems ça va être baclé ; les deux maisons demeurent près d'ici.

CARLIN.

Tu les leur remettras en main propre.

TARUGO.

C'est comme si elles les tenaient. Allez ! Je me dégourdis. Si vous saviez comme tout-à-l'heure j'ai rendu Monsieur Lélio content.

CARLIN.

Il est venu ?

TARUGO.

TARUGO.

D'abord, je lui ai dit que vous n'y étiez pas.

CARLIN.

Allons, c'est bien jusques là.

TARUGO.

Ensuite, & ça c'est de ma tête, je lui ai raconté comme quoi son père était venu, comme quoi il avait emmené Mademoiselle Clara. Oh! Il était aise, aise; vous verrez, vous verrez tout à l'heure.

CARLIN.

Comment, malheureux, tu lui as dit cela!

TARUGO.

Vous êtes diablement difficile à contenter, vous.

CARLIN.

Je ne pourrai éviter l'orage : cet imbécille ne m'en fait jamais d'autre.

TARUGO.

Vous avez tort de vous emporter comme cela.

CARLIN.

J'ai tort.

TARUGO.

C'est désagréable de servir un maître qui n'a pas de raison.

CARLIN.

Remets moi mes lettres.

TARUGO.

Vous les feriez porter par un autre, & je veux faire cette commission.

CARLIN.

Oui, je les ferai porter par un autre.

TARUGO.

Ce ne sera pas.

CARLIN.

Voilà qui est nouveau.

TARUGO.

Non, Monſieur, ça ne ſera pas.

CARLIN.

Veux-tu me les rendre ?

TARUGO.

Vous me payez pour vous ſervir, je vous ſervirai malgré vous, & voilà que je prends ma courſe, & que je vas porter les lettres.

SCENE XX.

CARLIN, *ſeul.*

PUISSENT-ELLES te valoir la recompenſe que je te garde. Je me ſuis enferré de toutes les manières. Si ces lettres pouvaient parvenir à leur deſtination, tout ſe débrouillerait. Je les ai tournées, qu'il peut indifféremment rendre l'une pour l'autre. Il n'y a pas le moindre mal dans cette aventure ; mais elle s'eſt engencée de façon que, pour vouloir ſervir tout le monde, j'ai nui à tout le monde ; & tout le monde va me tomber ſur le corps. Que fais-je là ? Dois-je m'expoſer à la première chaleur de mes deux étourdis ? Le plus prudent eſt de leur laiſſer jetter leur premier feu, de me tenir caché juſques après l'explication qui ne peut manquer d'abord d'être un peu orageuſe ; mais ſi ces deux femmes viennent ici & ne m'y trouvent pas, on va ſoupçonner de ma part quelques machinations nouvelles. Oh ! le plus preſſé eſt de ſonger à moi. Qu'ils penſent, qu'ils diſent, qu'ils faſſent tout ce qu'ils voudront, pourvu que je n'y sois point en personne, tout cela m'est egal.

SCENE XXI.

CARLIN. FABRICE.

FABRICE.

En sortant de chez vous, j'ai rencontré mon pére, je l'ai sans peine réconcilié avec ma sœur, en déguisant toute fois ma véritable aventure, dont je n'ai pas encore osé parler ni à l'un ni à l'autre.

CARLIN.

Et d'un. Allons, il faut subir mon sort.

FABRICE

Que dites-vous?

CARLIN, *à part.*

La confidence est embarrassante.

FABRICE.

Quel air soucieux? Que m'annonce-il?

CARLIN, *à part.*

Comment lui dire la chose?

FABRICE.

Quelle affaire vous occupe donc au point de ne pas m'écouter?

CARLIN.

Je vous entends à merveille.

FABRICE.

Je brûle de revoir ma chère Clara, de calmer les inquiétudes qu'a dû lui causer mon absence.

CARLIN, *à part.*

Je suis mort !

FABRICE.

Lui serait-il arrivé quelqu'accident pendant mon absence ?

CARLIN.

He, non, non, elle se porte à merveille.

FABRICE.

Lui auriez-vous découvert mon secret ?

CARLIN.

Ce n'est pas cela.

FABRICE.

Vous aurait-elle confié quelque chose de défavorable à mon amour !

CARLIN.

Non, je suis sûr qu'elle vous aime toujours.

FABRICE.

Expliquez-vous enfin, car je m'impatiente.

CARLIN.

Rappellez toute votre raison.

FABRICE.

De la raison ! quand il s'agit de tout ce que j'ai de plus cher au monde.

CARLIN.

En ce cas-là, je ne vous dirai rien.

FABRICE.

Parlez, parlez, mon inquiétude est au comble.

CARLIN.

Eh bien ! Jamais vous ne me le pardonnerez. Cependant je vous jure qu'en tout ceci je ne suis point coupable.

FABRICE.

Ah ! Que je souffre ! Où est-elle enfin ?

CARLIN.

Dois-je vous le dire ? Permettez qu'avant je vous fasse un détail nécessaire à ma justification.

FABRICE.

Je ne veux rien entendre. Où est Clara, où est-elle ? Répondez, répondez.

CARLIN.

Eh bien ! Clara est chez son oncle qui est venu la chercher ici.

FABRICE.

Traître ! Tu avais bien raison de prendre des détours pour m'avouer ta perfidie.

CARLIN.

Quand vous aurez jetté votre premier feu, je parlerai.

FABRICE.

N'espère point que je me paye d'excuses frivoles, personne que toi ne savait que Clara fut ici, C'est toi, ame vile & mercénaire, qui, dans l'espoir d'une récompense, as vendu mon secret à l'oncle de Clara.

CARLIN.

Quand je vous aurai tout expliqué.

FABRICE.

Rien ne peut te sauver de ma juste fureur. Je te connais, ton intérêt seul te détermine; mais lâche ! tu ne m'auras pas vainement outragé, & c'est en en te perçant de mille coups que je dois venger mon injure & épouvanter à jamais tes pareils.

SCÈNE XXII.

LÉLIO. CARLIN. FABRICE.

LÉLIO.

Ah ! c'est donc vous, perfide !

CARLIN.

Ah ! Me voilà joli garçon.

LÉLIO.

Je sais tout. Léonor n'est point chez mon père, & vous l'avez remise aux mains de mon rival.

FABRICE.

Léonor !

LÉLIO.

Le voici. Monsieur ; vous savez entre gens tels que nous comment se termine un pareil débat. Nous nous verrons ; mais avant de venger cette injure, je veux punir ce scélérat.

FABRICE, *tirant son épée.*

Non, c'est moi qui lui arracherai la vie.

LÉLIO, *en faisant de même.*

C'est de ma main qu'il doit périr..

FABRICE.

Non, non, c'est de la mienne.

CARLIN.

L'agréable débat ! (*à genoux.*) Avant de me tuer, Daignez au moins m'entendre.

LÉLIO.

Que pourrais-tu me dire ?

FABRICE.

Comment pourrais-tu te justifier ?

SCENE XXIII.

TARUGO. LÉLIO. CARLIN. FABRICE.

TARUGO.

VIVAT ! Ça va se débrouiller, les voilà tous qui viennent.

CARLIN, *se lève, jette Tarugo au milieu des deux.*

Messieurs, Messieurs, si vous avez quelqu'un à tuer, c'est à ce maraud-là que vous devez la préférence, car, en vérité, il est le seul coupable.

LÉLIO & FABRICE.

Lui ! Lui !

TARUGO.

Ah ! ça, ne badinons pas. Je n'ai pas envie de mourir encore.

SCENE XXIV *& derniere.*

CARLIN. LÉLIO. LÉONOR. BERALDE. CLARA. FABRICE. TARUGO.

TARUGO.

HÉ, venez donc, vous autres. Voilà deux Messieurs qui ont le diable au corps.

LÉONOR.

Ah ! Mon frère, que faites-vous ?

LÉLIO.

Son frère.

BERALDE.

Quelle extravagance, mon fils ! J'étais chez Bernardille avec ces deux Dames, lorsque cet imbécille y a porté les Lettres de Carlin qui ont tout éclairci.

TARUGO.

Imbécille ! C'est une rage qu'ils ont tous de m'appeler comme ça.

BERALDE.

Vous êtes deux étourdis ; mais heureusement pour vous que vos pères vous aiment, & que, par une double union, ils consentent à réparer vos erreurs.

TARUGO.

Eh ! Je savais bien, moi, que tout ça s'arrangerait.

CARLIN.

Ah ! Je l'échappe belle.

TARUGO.

Et moi donc, ça aurait été bien plus dommage ; car il n'y a que moi qui aye eu l'esprit de deviner les choses.

CARLIN.

Vous êtes tous d'accord. Tant mieux. Quant à moi, tout est dit : Je ne me mêle plus des amours de personne.

FIN.

www.ingramcontent.com/pod-product-compliance
Lightning Source LLC
LaVergne TN
LVHW010621110826
845149LV00003B/1000

* 9 7 8 2 0 1 9 1 9 5 8 7 8 *